THE WHEELS

The friendship race

LAS RUEDAS

La carrera de la amistad

Inna Nusinsky

Illustrations by Michael Jay Roque

KidKiddos Books

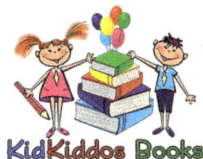

www.kidkiddos.com

Copyright©2015 by S.A.Publishing ©2017 by KidKiddos Books Ltd.

support@kidkiddos.com

Second edition, 2019
Translated from English by Laia Herrera Guardiola
Traducido del inglés por Laia Herrera Guardiola

Library and Archives Canada Cataloguing in Publication
The Wheels: The Friendship race (Spanish Bilingual Edition)
ISBN: 978-1-5259-1247-4 paperback
ISBN: 978-1-77268-785-9 hardcover
ISBN: 978-1-77268-783-5 eBook

Please note that the Spanish and English versions of the story have been written to be as close as possible. However, in some cases they differ in order to accommodate nuances and fluidity of each language.

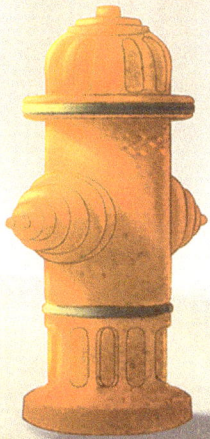

Jonny the car looked at himself in the shop window. How handsome he was! And what speed – he could beat even race cars!

Jonny, el coche, se miró a sí mismo en el escaparate de la tienda. ¡Qué guapo era! ¡Y qué rápido, incluso podía ganarle a coches de carreras!

"I'm the pride of the neighborhood," he yelled.

—Soy el orgullo del vecindario —gritó.

Just then, two braking sounds broke his daydream.

Justo entonces, dos ruidos de freno rompieron su fantasía.

He saw them reflected in the glass window – his friends Mike the bike and Scott the scooter.

De pronto, vio reflejados en el cristal del escaparate a sus amigos Mike, la bici, y Scott, el patinete.

"Hey Jonny!" his friends said. "What's up?"

—¡Hola, Jonny! —dijeron sus amigos—. ¿Qué tal?

"Feeling like a little race today," said Jonny, puffing his tires. "But there's no one I can race with."

—Con ganas de una pequeña carrera hoy —dijo Jonny, chirriando los neumáticos—. Pero no hay nadie con quien pueda competir.

"We can race with you!" exclaimed Mike.

—¡Nosotros podemos competir contigo! —dijo Mike emocionado.

"That's what friends are for!" added Scott.

—¡Para eso están los amigos! —añadió Scott.

Jonny didn't show much enthusiasm. "Mmm...
A champion needs an equal to compete with."

Jonny no se mostró muy entusiasmado.
—Mmm... un campeón necesita competir con un igual.

Mike and Scott looked at each other. A cloud passed over their faces.

Mike y Scott se miraron el uno al otro, y se pusieron tristes.

"Are we not good?" asked Mike.

—¿No somos buenos para ti? —preguntó Mike.

"Oh, you're good," Jonny made a face in the glass window. "But not good enough."

—Oh, sois buenos —Jonny hizo un gesto en el escaparate—. Pero no lo suficientemente buenos.

"Okay, Jonny," said Scott. "We challenge you to a race right now! Let's do Hill Road and see who finishes first."

—De acuerdo, Jonny —dijo Scott—. ¡Te retamos a una carrera ahora mismo! Vamos a la Carretera de la Colina y veamos quién acaba antes.

Jonny considered it with a smirk.

Jonny lo consideró con una sonrisa burlona.

As they reached Hill Road, the race began.
Cuando llegaron a la Carretera de la Colina, la carrera comenzó.

It started with a steep climb. Jonny roared and in seconds was over the incline.
Empezaba con una cuesta empinada. Jonny rugió y en segundos ya estaba en la cima.

Mike the bike was already half way... But poor Scott the scooter was huffing and puffing, slowly climbing up.
Mike, la bici, ya estaba a medio camino... Pero el pobre de Scott, el patinete, estaba jadeando y resoplando, mientras subía lentamente.

Jonny reached the hill and stopped. He looked at the rearview mirror – his friends were far behind.
Jonny llegó a la cima y se detuvo. Miró en el retrovisor: sus amigos estaban muy por detrás.

He was bored. At least the music on the radio was good! He closed his eyes and started moving to the beat.

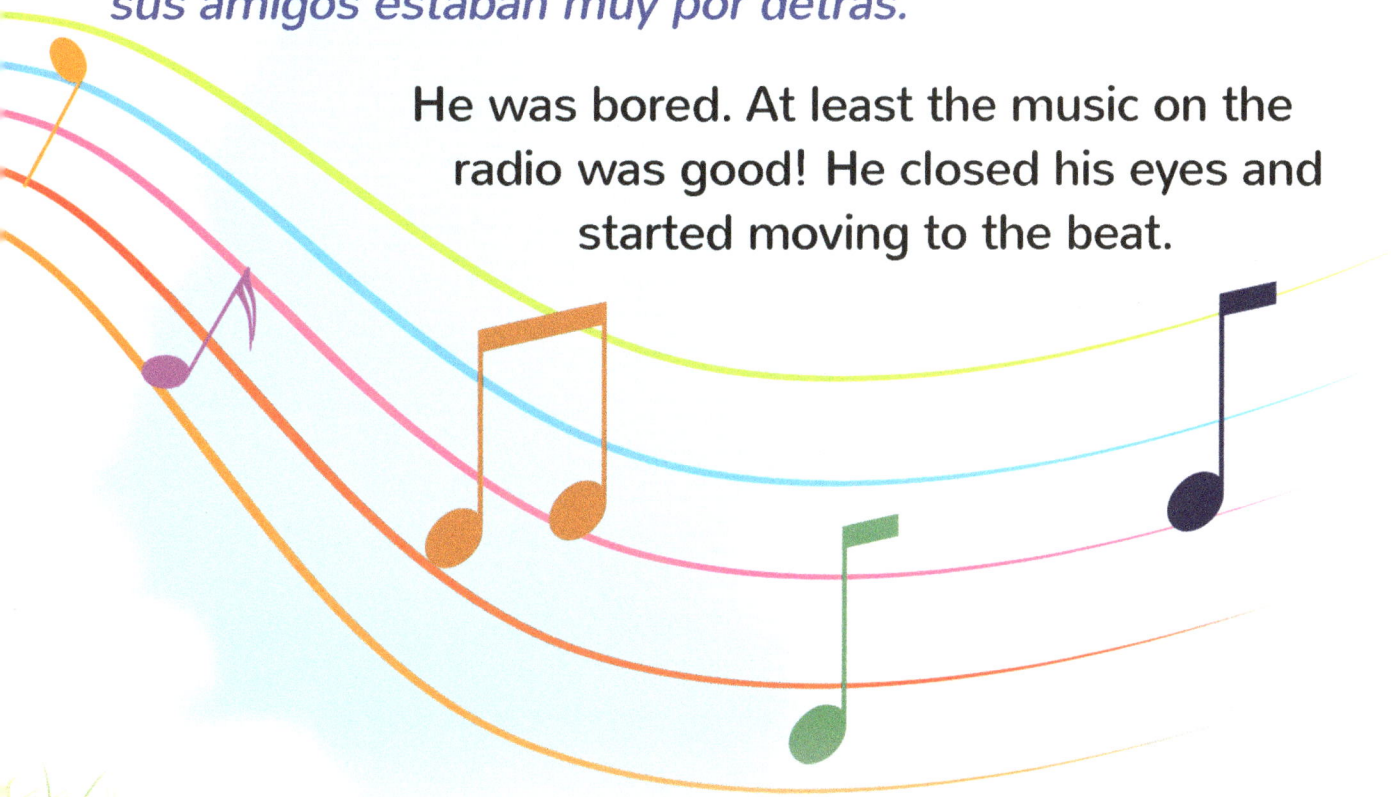

Estaba aburrido. ¡Al menos la música de la radio era buena! Cerró los ojos y empezó a moverse al ritmo de la música.

Suddenly, something whirred past him and he jolted his eyes open. There was only smoke. Mike?
De repente, algo pasó zumbando a su lado. Solo había humo. ¿Mike?

Before he could say a word something else went by. Jonny looked through the disappearing smoke—that was Scott racing ahead!

Antes de que pudiera decir una palabra alguien más pasó a su lado. Jonny miró a través del humo que iba desapareciendo. ¡Era Scott corriendo por delante!

No way! Jonny panicked. He should win!

¡No puede ser! Jonny entró en pánico. ¡Él tenía que ganar!

Seconds later, he got to the tunnel. Huge boulders were blocking the road. There was no way a car could pass through! Even the fastest race car like him.

Segundos más tarde, llegó al túnel. Unas rocas enormes estaban bloqueando la carretera. ¡No había forma de que un coche pudiera pasar! Ni siquiera el coche de carreras más rápido, como él, podría hacerlo.

But then, he saw the tire marks of both Mike and Scott. They had negotiated their way around the stone boulders! Jonny sighed.

Pero entonces, vio las marcas de los neumáticos de Mike y Scott. ¡Habían franqueado el camino entre las rocas! Jonny suspiró.

Meanwhile, Mike came out on the other side of the tunnel. He was leading.

Mientras tanto, Mike salía por el otro lado del túnel. Iba primero.

What kind of a win is that when your friends lose? he thought, stopping for Scott.

¿Qué sentido tiene ganar cuando tus amigos pierden?, pensó.

In seconds, Scott was next to him.

En pocos segundos, Scott estaba a su lado.

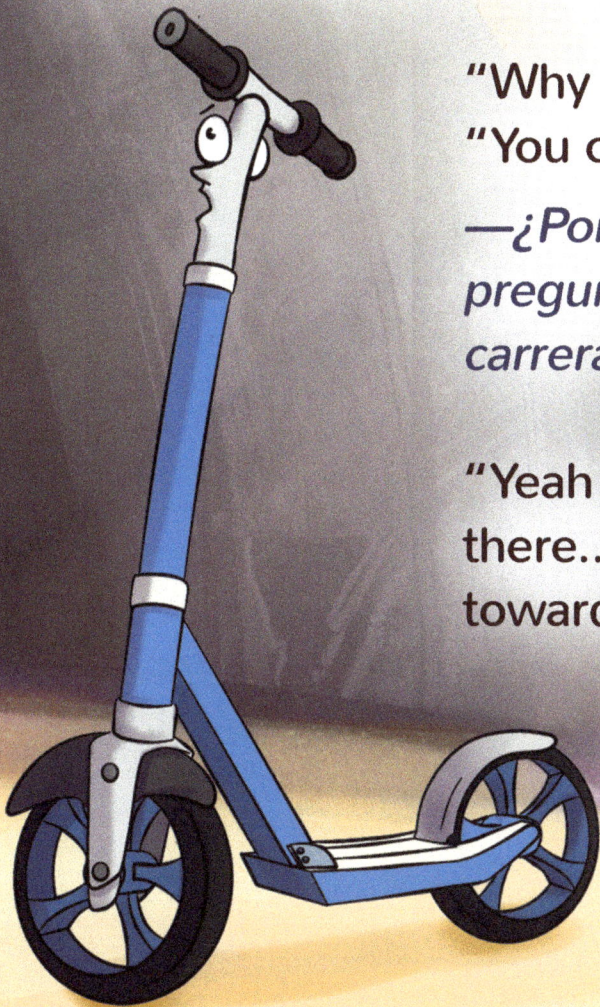

"Why did you stop, Mike?" he asked. "You could've won the race!"

—¿Por qué has parado, Mike? — preguntó—. ¡Podrías haber ganado la carrera!

"Yeah but...Jonny could be stuck back there..." said Mike, looking towards the tunnel.

—Sí, pero... Jonny podría estar atascado ahí detrás...—dijo Mike, mirando hacia el túnel.

A moment of silence passed by.

Hubo un momento de silencio.

"Shall we go to check up him?" Scott asked.

—¿Vamos a comprobar que esté bien? —preguntó Scott.

A smile formed on Mike's face. "Let's go!" he yelled and turned back.

Una sonrisa se dibujó en la cara de Mike.
—¡Vamos! —gritó y dio la vuelta.

At the blocked tunnel, Jonny was sad. Not because he was losing the race but because he was lonely.

En el túnel bloqueado, Jonny estaba triste. No porque estaba perdiendo la carrera sino porque se sentía solo.

Suddenly he heard a sound of wheels. Those were Scott and Mike!

De repente, escuchó un sonido de ruedas. ¡Eran Scott y Mike!

"Mike, Let's move these boulders so Jonny can pass," said Scott.

—*Mike, movamos estas rocas para que Jonny pueda pasar —dijo Scott.*

The friends started to work together, pushing the rocks out of the way.

Los amigos empezaron a trabajar juntos, empujando las rocas fuera del camino.

It wasn't easy, but they nudged and nudged and soon there was enough space for Jonny to squeeze through.

No fue fácil, pero ellos empujaron y empujaron, y pronto hubo espacio suficiente para que Jonny pudiera pasar.

Giggling, they reached the end of Hill Road.

Riendo, llegaron al final de la Carretera de la Colina.

"We've won the race—all of us!" exclaimed Mike and Scott.

—¡Hemos ganado la carrera, todos! —exclamaron Mike y Scott.

Only Jonny was quiet. "I behaved badly with you," he admitted. "I realized it late, guys that together we can do much more. Thank you, my friends, for helping me understand that!"

Solo Jonny se quedó callado.
—Me he portado mal con vosotros —admitió —. Me di cuenta tarde de que juntos podemos hacer mucho más. ¡Gracias, amigos, por ayudarme a entenderlo!

Suddenly, there was applause, cheering for this wonderful bunch of three terrific friends…

De repente, hubo aplausos, felicitando a este maravilloso grupo de tres amigos fantásticos…

FINISH

Friends who discovered that none of them was as good as all of them.

Amigos que descubrieron que ninguno de ellos era tan bueno solo como podían serlo juntos.

Milton Keynes UK
Ingram Content Group UK Ltd.
UKHW05042220l123
432896UK00006B/73

9 781525 912474